uma ideia de ateliê
a coluna de borracha preta

Centro internazionale per la difesa e la promozione
dei diritti e delle potenzialità dei bambini e delle bambine

A Penso é editora oficial
de Reggio Children no Brasil

Obra originalmente publicada sob o título *La colonna di gomma nera*, 1ª edição
ISBN 9788887960594

This is an authorized translation of the work originally published in Italian and in English in year 2009 by Reggio Children s.r.l. – Centro Internazionale per la difesa e la promozione dei diritti e delle potenzialità dei bambini e delle bambine – International Center for the defence and promotion of the rights and potential of all children, Reggio Emilia, Italia.

Reggio Children S.r.l.,
via Bligny 1/A
42124 Reggio Emilia, Italia
www.reggiochildren.it
All rights reserved

A Penso é editora oficial de Reggio Children no Brasil.
Penso is official publisher of Reggio Children in Brazil.

Gerente editorial: Alberto Schwanke
Coordenadora editorial: Cláudia Bittencourt
Editor: Lucas Reis Gonçalves
Preparação de original: Luísa Branchi Araújo
Leitura final: Ildo Orsolin Filho
Arte sobre capa original: Tatiana Sperhacke / TAT studio
Adaptação do projeto gráfico original e editoração: Tatiana Sperhacke / TAT studio

C912i Creches e Escolas da Infância – Instituição Municipal de Reggio Emilia.
Uma ideia de ateliê : a coluna de borracha preta – da concepção até a realização do modelo final / Creches e Escolas da Infância – Instituição Municipal de Reggio Emilia – Escola Diana; tradução: Gustavo da Rosa Rodrigues ; revisão técnica: Aparecida de Fátima Bosco Benevenuto, Fernanda Dodi. – Porto Alegre : Penso, 2025.
54 p. : il. ; 25 cm.

ISBN 978-65-5976-071-8

1. Educação infantil. I. Creches e Escolas da Infância – Instituição Municipal de Reggio Emilia. II. Título.

CDU 373.2

Catalogação na publicação: Karin Lorien Menoncin – CRB 10/2147

Reservados todos os direitos de publicação, em língua portuguesa, ao
GA EDUCAÇÃO LTDA. (Penso é um selo editorial do GA EDUCAÇÃO LTDA.)
Rua Ernesto Alves, 150 – Bairro Floresta – 90220-190 – Porto Alegre – RS
Fone: (51) 3027-7000 – SAC 0800 703 3444 – www.grupoa.com.br

É proibida a duplicação ou reprodução deste volume, no todo ou em parte, sob quaisquer formas ou por quaisquer meios (eletrônico, mecânico, gravação, fotocópia, distribuição na Web e outros), sem permissão expressa da Editora.

IMPRESSO NO BRASIL / *PRINTED IN BRAZIL*

Creches e Escolas da Infância
Instituição Municipal de Reggio Emilia

Escola Diana

uma ideia de ateliê

a coluna de borracha preta

da concepção
até a realização
do modelo final

Tradução

Gustavo da Rosa Rodrigues

Revisão técnica

Aparecida de Fátima Bosco Benevenuto

Mestre em Literatura pela Universidade de São Paulo (USP). Pós-graduada em "O Papel do Coordenador", Universidade Torcuato di Tella e Reggio Children, com módulo realizado em Reggio Emilia. Diretora Geral da Fundação Antonio-Antonieta Cintra Gordinho. Membro do Network de Reggio Children (Estado de São Paulo – Brasil).

Fernanda Dodi

Graduada em Artes Visuais pela Universidade Estadual de Campinas (Unicamp). Especialista em Linguagens da Arte pela USP. "Curso Internacional de Aprofundamento em Educação Infantil" (2016-2017), Fundação Antonio-Antonieta Cintra Gordinho/RedSOLARE/Unicamp/Reggio Children, com módulo em Reggio Emilia. Atelierista na Fundação Antonio-Antonieta Cintra Gordinho.

Porto Alegre
2025

APRESENTAÇÃO À EDIÇÃO BRASILEIRA

"Repetir repetir — até ficar diferente.
Repetir é um dom do estilo."

— Manoel de Barros

Este livro traz ao público brasileiro um convite inédito e precioso à leitura de um caderno de trabalho e estudo que faz parte do projeto "E se as colunas…", da Escola da Infância Diana, de Reggio Emilia – cidade do Norte da Itália que é referência mundial em políticas públicas para a infância.

Inédito, porque é a primeira vez que se publica no Brasil especificamente esse tipo de material — que faz parte do processo de documentação pedagógica das escolas de Reggio Emilia. Precioso, porque a prática da documentação pedagógica — que tem despertado cada vez mais interesse nas escolas e nos educadores brasileiros — se revela por meio dele em seu rigor, complexidade e beleza, no compromisso ético de tornar públicas as ideias e aprendizagens às quais crianças e adultos se lançam no cotidiano vivo e pulsante das escolas.

A Escola Antonio Cintra Gordinho, projeto educacional da Fundação Antonio-Antonieta Cintra Gordinho,* vem, desde 2013, se dedicando ao estudo e à prática da documentação pedagógica. Por isso sublinhamos com alegria a importância de mais esse referencial teórico publicado em língua portuguesa e gostaríamos de pensar que este livro é — tal qual as pontes físicas que as crianças da Escola Diana descobrem ser necessárias para manter suas figuras recortadas unidas — uma ponte que, ao ser replicada na visita de cada leitor, une pessoas e contextos que têm o desejo de construir uma educação de qualidade e excelência. Que na nossa prática cotidiana nos inspiremos em Manoel de Barros e nas crianças da Escola Diana — *repetir repetir — até ficar diferente*, até vislumbrar e inaugurar o novo!

Fundação Antonio-Antonieta
Cintra Gordinho

---

* A Fundação Antonio-Antonieta Cintra Gordinho, instituída em 1957, é uma instituição sem fins lucrativos que nasceu do sonho do casal Antonio e Antonieta de construir uma entidade filantrópica voltada à educação. Como uma instituição do terceiro setor, a Fundação tem duas unidades educacionais, sendo ensino formal (educação infantil, ensino fundamental, médio e técnico) e informal (oficinas), e busca uma educação que responda ativamente às demandas e aos desafios múltiplos do mundo contemporâneo. A Fundação Antonio-Antonieta Cintra Gordinho faz parte do Network internacional de Reggio Children.

cadernos de trabalho e estudo

roupas para colunas

um estudo aprofundado do projeto
"E se as colunas..." da Mostra
"O estupor do aprender"

**Uma ideia de ateliê: a coluna de borracha preta –
da concepção até a realização do modelo final**
Escola da Infância Diana

Professoras
Sonia Cipolla
Evelina Reverberi

Atelierista*
Isabella Meninno

Pedagogista
Tiziana Filippini

Este caderno documenta a fase final de uma parte
do projeto realizado por crianças de 5 a 6 anos.

* **Atelierista**: figura profissional introduzida por Loris Malaguzzi nas escolas da infância de Reggio Emilia, com formação artística, que trabalha juntamente aos professores e às crianças, complementando o projeto educativo com linguagens polissensoriais e processos imaginários e expressivos. Difere-se do professor de arte e executa a mesma carga horária dos professores.

CADERNOS DE TRABALHO E ESTUDO*
ROUPAS PARA AS COLUNAS

Documentar os processos das crianças é um percurso envolvente e desafiador. Existem diversas modalidades de comunicação e instrumentos possíveis. O caderno de trabalho é um desses instrumentos, por meio do qual podemos nos aproximar das crianças e narrar seus processos de aprendizagem e suas estratégias construtivas. Representa a tentativa de documentar algumas fases de processos longos e singulares, um modo apaixonado de tentar compartilhar as etapas de uma experiência, torná-la compreensível e, portanto, valorizá-la. A quantidade de material coletada ao final do projeto foi imensa, e o caderno passou por várias edições. O processo de síntese e resumo o tornou mais claro, direto e eficaz.

Neste caderno, você encontrará também explícitas as reflexões, as dúvidas, os tropeços, as indecisões e as escolhas da professora. Sempre que observamos (pessoas, situações, contextos), participamos da construção de uma parte da realidade, e nossos pensamentos, ideias, sentimentos, emoções e expectativas sobre o que observamos influenciam o que está acontecendo. Isso é ainda mais verdadeiro quando se trabalha com as crianças, ou seja, quando a professora tem a consciência de não ser uma observadora passiva, mas sente a urgência de deixar às crianças a possibilidade de descobrir a força da própria criatividade e da própria inteligência.

Em cada fase do projeto, a professora precisa tomar decisões: se e em que momento intervir, que palavras usar, como sustentar a dúvida ou reconhecer aquela intuição das crianças que pode tornar uma ideia original, quando o que chamamos de criatividade está se revelando aos nossos olhos. E isso acontece continuamente com as crianças. As observações assim documentadas nos permitem conhecer novos aspectos de um grupo de crianças com as quais se tem uma longa convivência, torna visíveis os indivíduos e suas competências singulares, libera as potencialidades e revela as características de cada um.

O valor de um instrumento de documentação é também a possibilidade de tornar a reler e reinterpretar e, juntos, avaliar e reavaliar. Documentar frequentemente significa também registrar o que naquele momento parece insignificante, que acontece inesperadamente, sem previsão. Significa estar em alerta e tirar uma fotografia ou registrar uma frase que só em um segundo momento ganham sentido e valor. Documentar é uma competência essencial, mas muito difícil, que pode, porém, tornar-se a mais extraordinária ocasião de confronto e de formação. Esse instrumento de documentação nos permitiu sedimentar, compreender, assimilar e restituir novos significados tanto aos processos de aprendizagem das crianças quanto aos percursos de observação e conhecimento dos adultos.

Mas o desejo é, também, que sirva para ativar aprofundamentos e ocasiões de formação com outros interlocutores, com a ambição de oferecer-se ao confronto, de compartilhar uma "linguagem" observativa, de tornar explícito o gesto ético de revelar-se.

* O cuidado gráfico destes documentos de trabalho deve-se à formação específica da atelierista.

Usamos esse símbolo para destacar algumas formas de as professoras intervirem durante o trabalho do projeto, oferecendo exemplos das práticas que estamos buscando documentar de maneira cada vez mais clara. Posteriormente, é essencial refletir sobre essas intervenções, discutir e debater com colegas e pais. Essas intervenções representam as decisões que as professoras tomam ao longo do desenvolvimento de um projeto com crianças. Às vezes, é necessário um tempo para reflexão, mas, em outros momentos, as decisões devem ser tomadas rapidamente, para que as crianças avancem no seu processo.

11 de fevereiro

As colunas brancas são todas iguais. Precisamos colori-las para que fiquem mais bonitas. As pessoas precisam perceber que CADA UMA é uma coluna diferente.

NO CENTRO INTERNACIONAL LORIS MALAGUZZI*

Durante uma visita ao Centro Internacional Loris Malaguzzi, enquanto exploravam seus espaços, as crianças entraram em um grande salão com colunas altas. Na superfície de concreto de cada coluna, encontraram marcas e "cicatrizes" que distinguiam cada uma delas. Para enfatizar a ideia de diversidade, as crianças imaginaram decorar as colunas com tecidos coloridos, destacando a identidade única de cada uma.

"cicatrizes"

As crianças querem construir a diferença, ou melhor, as diferenças? Desejam construir as singularidades para retornar ao conceito de pluralidades (e não só de quantidade)? As roupas mudam a identidade? Dão identidade? A identidade é um valor? O "diferente" é mais encantador?

* O Centro Internacional Loris Malaguzzi está localizado na cidade de Reggio Emilia, na Itália. É aberto ao público com eventos, mostras das escolas e de Reggio Children, ateliês e abriga também um centro de documentação e pesquisa pedagógica.

PRIMEIROS DESENHOS

Nas representações gráficas do local feitas pelas crianças, surgem ideias para vestir e decorar as colunas.

roupas para as colunas

desenhos e decorações para as colunas

Esse desejo de identificar e diferenciar uma coluna da outra se manifesta em muitas crianças, até que seduz todo o grupo de trabalho.

`14 de fevereiro`

ROUPAS PARA AS COLUNAS

Várias crianças aceitam a ideia de Sharon de fazer roupas para as colunas, e inicia-se uma conversa interessante.

— [...] Vamos fazer como se fossem roupas coloridas.
— As colunas ficam mais bonitas quando são coloridas e iluminadas.
— Roupas coloridas, podemos mudar todo dia... com uma cor que as colunas gostem, porque precisamos respeitá-las.
— Sim, mas que roupas devemos desenhar?
— Podemos pensar em algumas coisas:
— Folhas...
— Ou metal, como as roupas de um cavaleiro...
— Algodão é mais leve...
— Algumas roupas são feitas de palha, ou fio enrolado, roupas de borracha para usar na água...
— Roupas com estampas, com números e flores...
— Podemos ser estilistas de colunas!

Seguindo a sugestão de Andrea, procuramos os materiais que as crianças escolheram para fazer as roupas: borracha, cobre, tecido, papel, alumínio, plástico em diferentes cores e graus de transparência. Nessa fase do projeto, a diversidade de materiais é um instrumento extraordinário e fundamental para projetar e apoiar a capacidade inventiva e imaginativa das crianças. Esse é um momento muito importante, que abre possibilidades imprevistas.

A ideia de vestuário se estende para incluir vários itens imaginários, em diferentes materiais e para diferentes ocasiões. Assim como uma pedra jogada em um lago, a ideia se propaga e gera outras ideias.

Andrea: Podemos decorar muitas colunas com nossas ideias.

`16 de fevereiro`

MODELOS E PROTÓTIPOS DE ROUPAS E COLUNAS

As crianças usam os materiais com grande liberdade para criar modelos de roupas e protótipos de colunas em diferentes tamanhos: roupas de borracha e algodão, roupas estampadas, coloridas, florais, marcadas pela luz.

visão do ateliê

coluna de castelo

coluna de glicínias

coluna de pininhos de encaixar

coluna de braceletes

coluna de cobre

A COLUNA DE BORRACHA PRETA

Paolo e Pietro criam dois protótipos com borracha preta. Pietro usa dois tipos diferentes de borracha preta, e Paolo faz camadas com apenas um tipo. Ambos recortam formas abstratas da borracha e, após colorir as peças, colam-nas de volta à coluna. Depois, os meninos compartilham sua ideia com os amigos e expressam o desejo de construir uma grande coluna, envolvendo Tommaso, Andrea e Alessandro no projeto.

Pietro: Foi difícil fazer as colunas de borracha preta. É difícil de cortar, porque a borracha é muito dura e grossa.

Paolo: A coluna já me disse que tipo de borracha ela quer. Ela quer a borracha fina.

As crianças têm habilidade e competência para "dialogar com os materiais", compreender suas propriedades físicas e cinestésicas (que resultam dos percursos de percepção, classificação, comparação), e imaginam novas soluções técnicas.

Protótipos de duas colunas feitas de borracha preta, com altura de 29 cm. Pietro e Paolo

`fim de fevereiro`

A SEDUÇÃO DA MATÉRIA

Como sugerido pelas crianças, com uma coluna campeã,* fomos ao comércio de borrachas para procurar aquela adequada ao projeto. As crianças se confrontam diretamente com a matéria e com a viabilidade do projeto delas; colocam à prova suas hipóteses iniciais, devem reconstruir, transformar, re-editar, misturar e recombinar novas ideias e velhas intuições. Esse processo permite que elas reconstruam, transformem, façam alterações e inventem outras formas de combinar novas ideias com intuições anteriores.

CAOS APARENTE, "VORACIDADE" DOS PRIMEIROS ENCONTROS, COMPETÊNCIAS AVALIATIVAS DAS CRIANÇAS

Professora: Agora vocês podem escolher as borrachas para as roupas, com os olhos, as mãos, o cérebro.

Crianças: Olha essa borracha! Essa é verde, essa é azul. Olha, essa é prateada, ela brilha! Olha, dá para sentir, essa não é boa de tocar! Essa tem bolhas, não serve. Nossa, que cheiro é esse?!

As crianças já estão buscando critérios para avaliar e selecionar os materiais em meio a uma variedade deles.

PAUSA, SÍNTESE, REFLEXÃO

A sedução da matéria é enorme, e há um caos animado e alegre. As crianças conseguirão se orientar em meio e todo esse material? Tentamos fazer um momento de pausa e reflexão.

Professora: Lembrem-se de que estamos aqui para escolher a borracha preta para nossa coluna. Viram algo interessante?

Paolo: A gente só quer uma borracha preta.

Professora: Vocês viram que tem vários tipos de preto? De qual vocês gostam mais?

---

* Após um percurso de investigação com as crianças sobre a altura e a circunferência das colunas (não incluídas neste caderno), a professora sugeriu que usassem as proporções das colunas do local, mas em uma escala reduzida.

CRITÉRIOS DE ESCOLHA

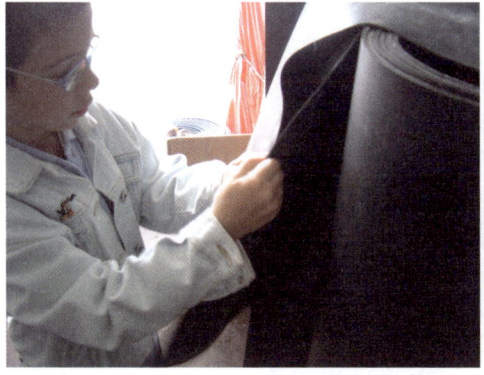
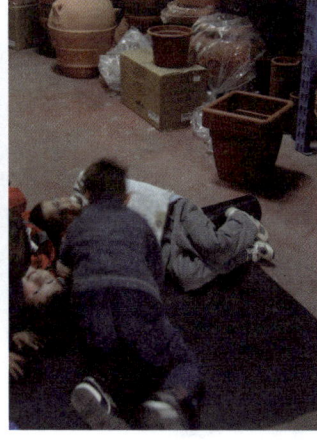

Andrea: Olha, essa é prateada, e essa é brilhante. Essa é boa, mas precisamos de uma que seja lisa, dura e fina, como essa aqui.

Paolo: As duas são legais.
Preto com preto fica preto.

As crianças revelam suas formas refinadas de ver. Há diferentes nuances de preto, e cada uma é como se fosse uma nova cor.

Crianças: Essa é boa! Super macia.

As crianças criam várias categorias de borracha.

lisa,
reta,
redonda,
dura,
fina,
delicada,
prateada,
macia,
áspera,
dourada,
brilhante,
com estampa,
com *glitter*

As crianças escolhem alguns tipos diferentes de borracha e experimentam na coluna de amostra quais tipos de borracha combinam bem entre si.

EXPERIMENTANDO O "TECIDO"

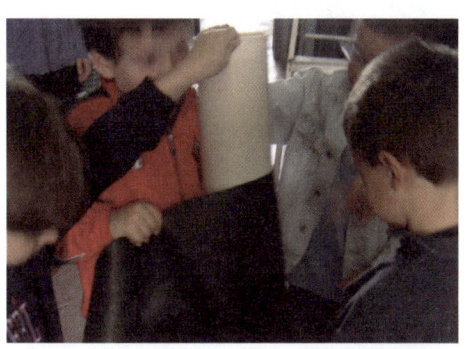

ESCOLHA FINAL

Paolo: Precisamos escolher uma borracha macia para recortar os desenhos.

Andrea: E uma muito lisa e fina, como a coluna queria.

Alessandro: E outra brilhante para aparecer o reflexo das outras colunas.

Elas escolhem três tipos de borracha preta:

uma lisa, brilhante e fina; uma dura e fosca; e uma macia com *glitter*.

As crianças conseguem fazer uma síntese eficaz levando em conta seu gosto pessoal, o ponto de vista da coluna, os tipos de material, o espaço em que o projeto estará localizado e a relação da coluna de borracha com outras colunas que serão refletidas por ela. As crianças levam em consideração o projeto e o fato de que a escolha delas pode facilitar ou dificultar a resolução de problemas técnicos, como o corte.

AJUSTES

brilhante, lisa e fina

Pietro: Vamos testar a borracha *que brilha*!

No ateliê da escola, as crianças testam cobrir a coluna com os três tipos de borracha.

macia com *glitter*

Por último, eles experimentam a borracha macia.

Pietro: Essa é menor!

Esse trabalho intenso também é uma forma de conhecer, comparar propriedades, encontrar semelhanças e diferenças entre as coisas. Permite que as crianças projetem uma disposição para os três tipos de borracha.

Pietro: Vamos colocar a que brilha primeiro, porque é a maior, depois a dura por cima dela e, por fim, a macia, que é a menor.

Paolo: Elas precisam ser três partes iguais.

Eles envolvem os pedaços de borracha uns nos outros em partes iguais: simetria e divisão equitativa do espaço. As crianças podem ser muito rigorosas. Todos gostam da ideia.

Depois da borracha brilhante, eles experimentam o tipo fosco, que chamam de "duro".
Tommaso: Essa é grande. Precisamos cortar.

dura e fosca

brilhante
dura
macia

borracha brilhante
borracha dura
borracha macia

PROJETO DAS FORMAS

Assim que a coluna é finalizada, Paolo começa a desenhar formas na borracha com um giz branco.

As formas são geométricas.

Professora: E agora? O que vamos fazer com essas formas que vocês desenharam?

Paolo: Vamos recortar, como estas aqui [1].

Paolo aponta para os dois protótipos feitos anteriormente. Alessandro, Pietro e Andrea aprovam as formas desenhadas e decidem continuar com o projeto de recorte. Sabemos que recortar formas exige planejamento, trabalho com espaços preenchidos e vazios, linhas e espessuras. Achamos que as crianças não estavam totalmente cientes das dificuldades que poderiam encontrar, mas demos a elas tempo para descobrir.

modelos iniciais com borracha

TRÊS FORMAS BÁSICAS

As formas desenhadas por Paolo
na coluna grande lembram as primeiras
que ele fez, mas são mais complexas
e elaboradas, além de mais modulares
e compostas do que as anteriores.
Elas também são mais difíceis de recortar.

Esta é a segunda forma desenhada por Paolo: um retângulo vertical dividido ao meio e depois novamente dividido por linhas diagonais. Em cada extremidade, ele acrescenta um triângulo.

A primeira forma que ele desenha é a mais complexa: um conjunto de círculos divididos por linhas diagonais e volumes.

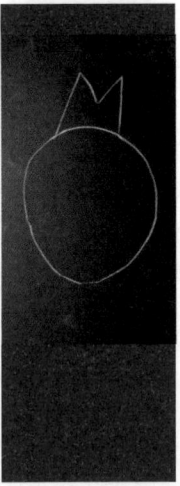

A última forma é a mais simples. É um círculo, onde ele posiciona dois pontos e remete à forma que desenhou em seu primeiro protótipo.

simulação da coluna com os desenhos

> 6 de março

RECORTANDO

VARIAÇÕES:
UM PROJETO DENTRO DO PROJETO

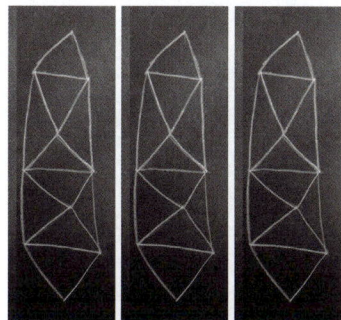

Como abordar o projeto de recortar formas com as crianças? Uma forma pode ser recortada de diversas maneiras: de dentro para fora, começando pelas bordas, arredondando os cantos ou deixando margens de diferentes espessuras para criar padrões de espaços preenchidos e vazios. Recortar é redesenhar, e exige grande precisão. Quais partes devem ser cortadas? Quais devem permanecer? Muitas questões precisam ser resolvidas. Para permitir que as crianças pratiquem antes de cortar a borracha de forma definitiva, decidimos fazer várias cópias das formas de Paolo em folhas de cartolina preta (semelhante à borracha), para que cada criança pudesse recortar a mesma forma de diferentes maneiras, individualmente ou em grupo, e depois compará-las.

Professora: Aqui temos cópias das formas que vocês desenharam na borracha. Vamos ver de quantas maneiras diferentes vocês conseguem recortá-las?

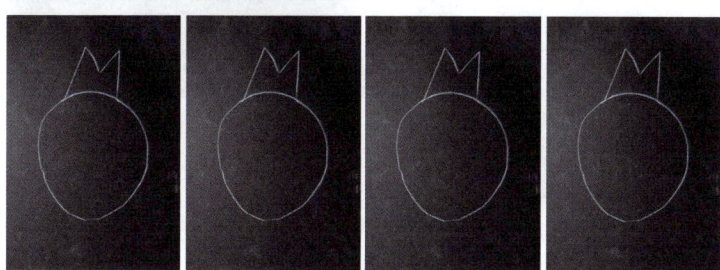

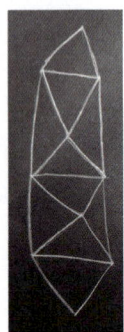

6 de março

PRIMEIRA FORMA

Vamos ver as variações no recorte da primeira forma feitas por Paolo, Pietro e Andrea.

AS QUATRO FORMAS DE PAOLO

Paolo escolhe sua forma e começa a recortar. Alessandro observa atentamente.

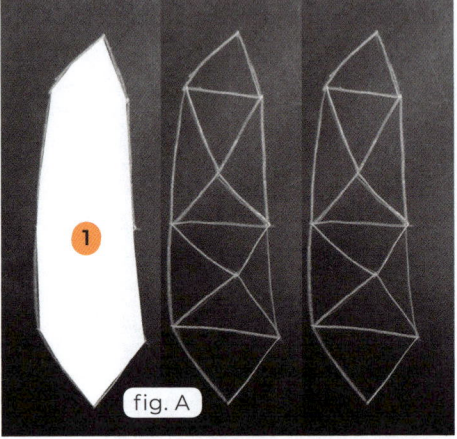

contorno Fig. A. O primeiro corte (1) segue o contorno da forma, que se solta completamente.

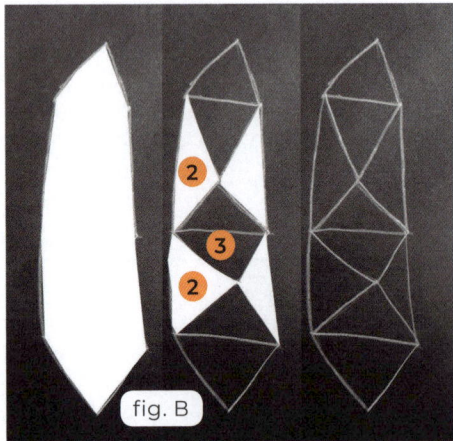

simetria Fig. B. Paolo recorta simetricamente dois pares de triângulos (2). Os triângulos no centro (3) correm o risco de se soltar.

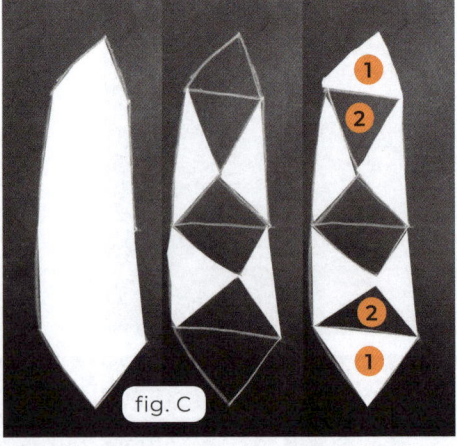

Fig. C. Paolo recorta os triângulos das extremidades (1). Alguns pedaços se soltam (2).

Alessandro: Precisamos cortar menos.

Alessandro intui a necessidade de deixar uma espécie de margem entre um triângulo e outro.

variação
Na sua quarta forma, Paolo adiciona duas linhas ao desenho, uma no interior de um triângulo e outra no exterior.

Paolo: Então, primeiro eu recorto um pedaço dentro e depois um fora.

As crianças trabalham com grande concentração e em silêncio.

Ele começa a recortar seguindo a linha interna.

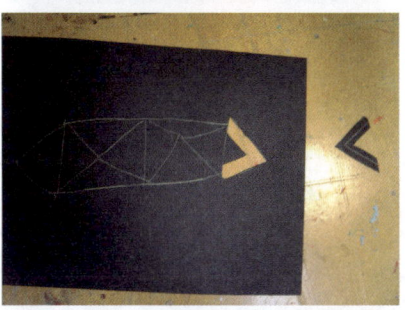

Este recorte é a intenção de Paolo de criar uma margem.

margem
Agora ele adiciona outra linha e, desta vez, parece realmente uma margem.

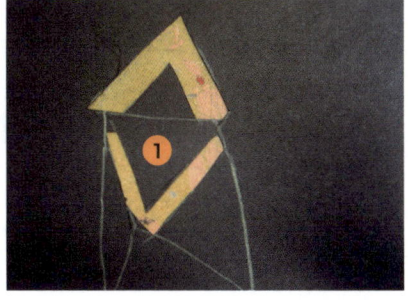

percepção
Paolo: Eu não recortei até o fim porque essa peça no meio [1] ia se soltar e se perder, e ficaria ruim.

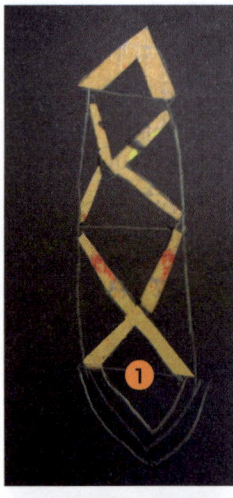

Margem, recorte, margem, recorte. Paolo continua seguindo esse mesmo ritmo.

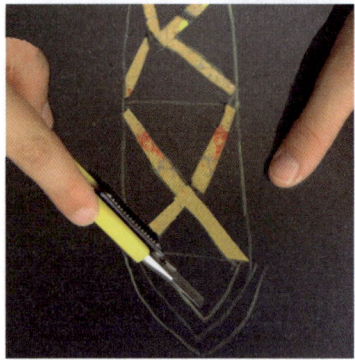

Quando chega ao recorte da extremidade oposta, ele volta a seguir seu método inicial.

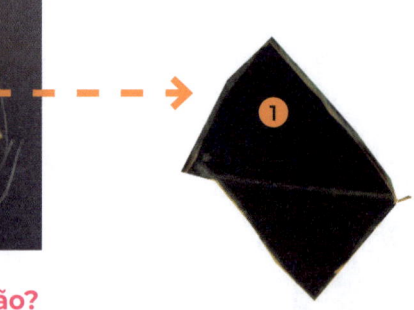

erro na previsão?

A peça se solta completamente (1).

Paolo decide encerrar seu trabalho nesse momento.

Professora: Terminou?
Paolo: Sim... quer dizer, não... assim está bom.

Não sabemos se Paolo tem uma ideia clara do conceito de simetria que nos parece ter guiado seu trabalho até agora, mas a decisão de terminar o entalhe parece ter passado por uma autoavaliação do que teria implicado seu prosseguimento, após ter feito algumas suposições e previsões sobre um novo recorte

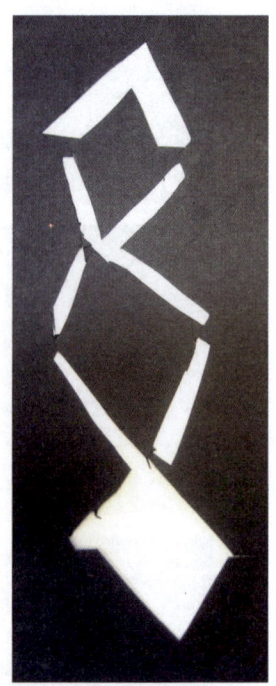

resultado

Talvez Paolo ache que as extremidades de sua forma deveriam ser iguais para criar uma forma simétrica, mas as dificuldades técnicas de recorte e planejamento resultaram em uma forma assimétrica.

AS FORMAS DE PIETRO

alteração Começando com a mesma forma básica após observar o trabalho de Paolo, Pietro diz:

Pietro: Quero colocar outras coisas no meio... uma linha.

Com um lápis vermelho, ele altera a forma original.

"espaços"
No triângulo superior, Pietro desenha uma cruz vermelha e diz: agora eu vou recortar quatro espaços.

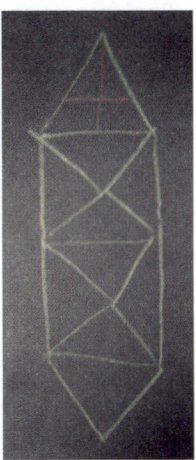

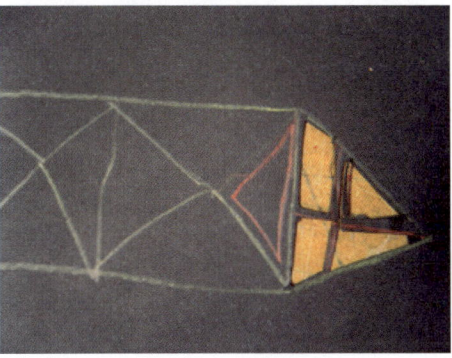

margens e percepção Também para Pietro, a cruz ajuda a delimitar uma margem entre as partes. Então, ele desenha um triângulo dentro de outro.

Pietro: Depois recorto as linhas e sai um espaço de luz de pirâmide.

A marca vermelha circunscreve uma margem e um espaço. Dois elementos importantes ao fazer o recorte.

Ele recorta, deixando as marcas vermelhas visíveis.

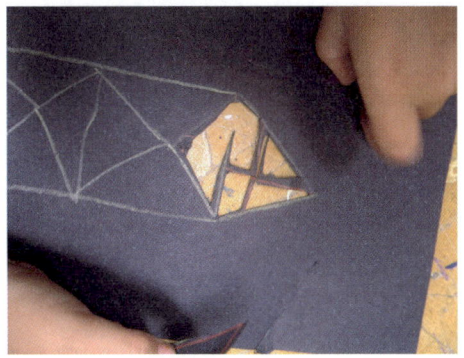

um erro Pietro: Ah! Um pedaço se soltou... Dá para colar? Eu fiz muito fino!

rapidamente
Pietro: Quero os triângulos aqui no meio... se eles se soltarem.

Sem desenhar mais linhas vermelhas, passa a recortar as peças diretamente. Ele entende a metodologia.

mudança de método
Pietro: Agora vou cortar as linhas, não a parte preta. Agora vou contornar as linhas.

No topo da forma, Pietro desenha mais algumas linhas vermelhas, prevendo outras margens e os espaços a serem cortados.

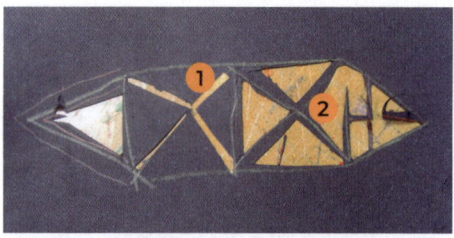

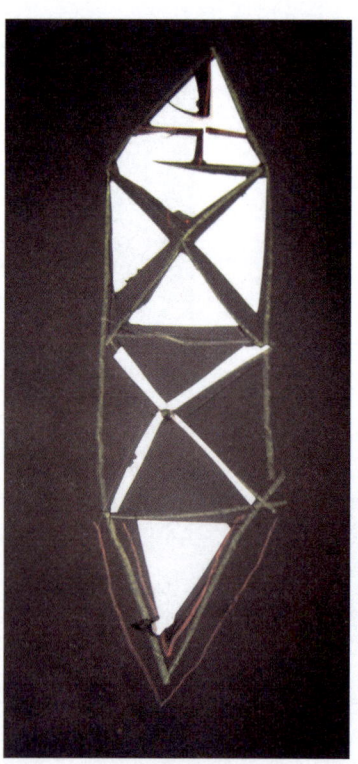

Pietro recortou o que havia previsto. As linhas diagonais (1 e 2) mostram duas maneiras de recortar que Pietro usou em uma única forma.

Em comparação com Paolo, neste trabalho, Pietro expressou uma maneira diferente de conceituar sua ideia de simetria, com padrões de espaços preenchidos e vazios.

AS FORMAS DE ANDREA

"contágio" Andrea trabalha ao lado de Pietro, na mesma mesa. Começando com a mesma forma básica, como Pietro, ele adiciona algumas linhas vermelhas. Esse procedimento de transformação e da cor tem sido "contagioso" no grupo. Essa é a direção que todos tomaram, embora com muitas diferenças.

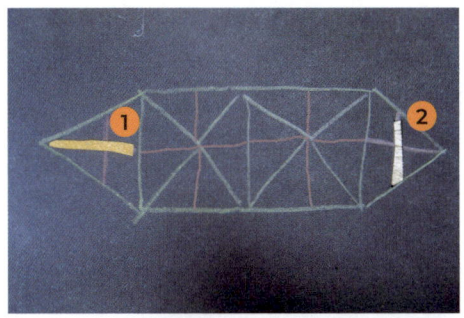

oito novos espaços Andrea desenha oito linhas vermelhas.

Andrea: Eu fiz oito espaços.

margens Andrea: Vou cortar essa linha... quer dizer, um pedaço da linha.

A linha se torna uma margem (1).

Andrea recorta simetricamente a linha vermelha vertical oposta (2).

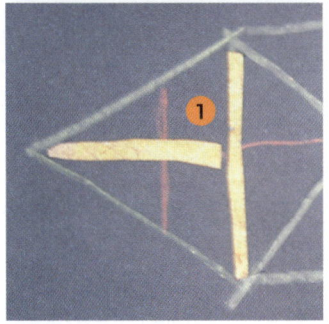

previsão Ao recortar, Andrea deixa um filete de papel entre dois pedaços. O que ele previu?

Também recorta as linhas diagonais deixando o filete de papel.

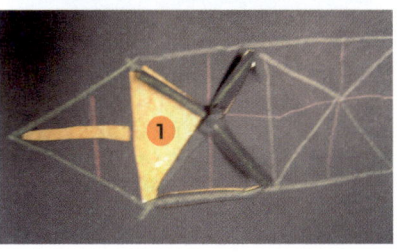

erro Uma peça inteira se solta (1).

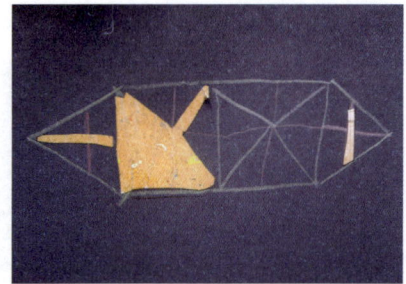

ajuste Então ele decide fazer um recorte ainda maior.

Andrea: Agora parece um guarda-chuva.

Ele continua recortando seguindo as linhas vermelhas...

...deixando outras linhas diagonais visíveis.

surpresa Andrea testa sua forma contra a luz.

aprendendo com o primeiro "erro" Depois de recortar linhas diagonais sem erros, ele remove um triângulo inteiro.

Andrea: Assim fica mais bonito... entra mais luz.

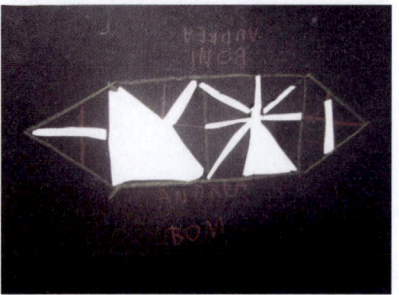

trabalhando com a luz
A luz modificou seu projeto original. As dificuldades, o rigor e o trabalho árduo do recorte foram recompensados com a beleza da luz. Ao modificá-lo, o efeito da luz contribuiu para o projeto original.

8 de março

SEGUNDA FORMA
AS TRÊS FORMAS DE PAOLO

Paolo escolhe a segunda forma para recortar, experimentando diferentes técnicas em um "pensamento projetual crescente"

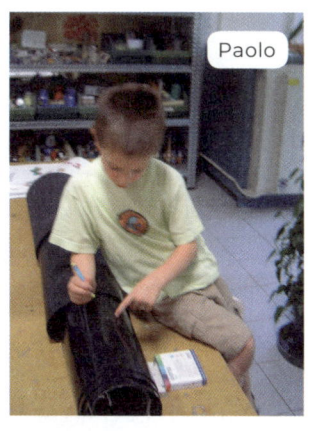
Paolo

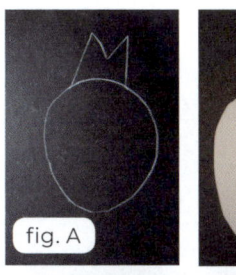

Na primeira vez (Fig. A), Paolo recorta seguindo o perímetro de sua forma, e ela se solta completamente.

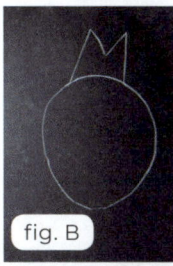
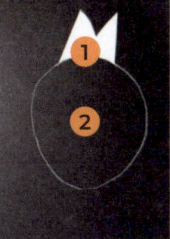

Ele pega outro pedaço de papel com a mesma forma (Fig. B). Desta vez, recorta primeiro um pedaço (1) e depois outro (2). A forma se solta totalmente, como antes.

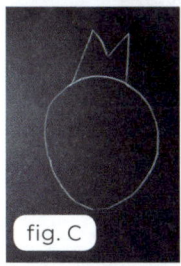

Paolo pega a mesma forma (Fig. C) pela terceira vez. Ele desenha círculos concêntricos com um lápis e os recorta separadamente, um a um. Mais uma vez, a forma se solta completamente.

As três tentativas de Paolo tiveram o mesmo resultado, embora realizadas com procedimentos diferentes.

Juntamente com Paolo, observamos como as peças recortadas eram diferentes a cada vez. Ele obteve o mesmo resultado com três procedimentos diferentes. Isso o ajuda a entender aspectos que aplicará ao recortar suas próximas formas.

QUARTA FORMA DE PAOLO
(reconstruída pela professora)

Paolo escolhe trabalhar na mesma forma mais uma vez. Desenha uma série de linhas horizontais e verticais, criando cruzes e diagonais.

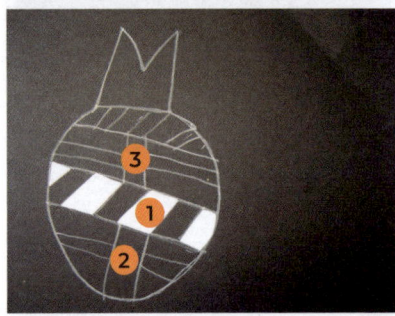

intervalos Ele recorta as peças, deixando um intervalo entre elas (1).

bordas Adiciona bordas às duas cruzes, apagando as partes centrais como se estivesse abrindo espaço (2 e 3).

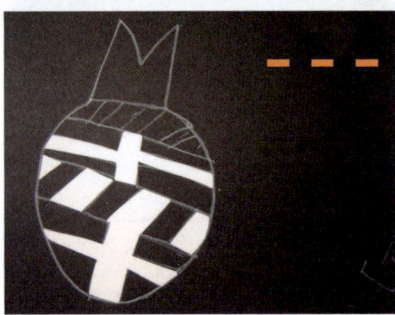

recorte Ele recorta as peças que desenhou.

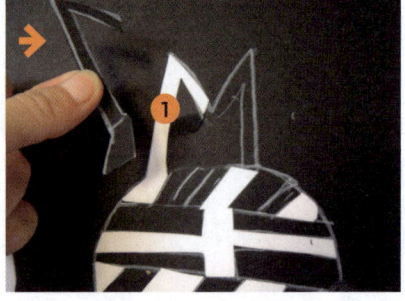

Desenha e recorta uma margem no topo da forma (1).

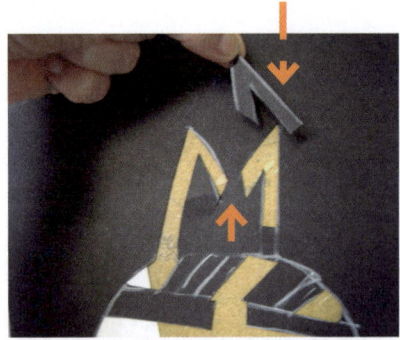

previsão Paolo recorta a segunda peça e deixa um espaço para evitar o risco de ela se soltar.

resultados Esta forma revela competência técnica, combinando atenção a margens e intervalos com capacidade de previsão.

AS FORMAS DE TOMMASO

complexidade

Os desenhos de Tommaso dentro de sua forma inicial são bonitos, mas também muito complexos.

Tommaso: Não tem como recortar isso. É muito complicado.

Ele não recorta.

Apesar disso,

Tommaso participou do prazer de desenhar.

MÉTODO DE ANDREA

Após observar a forma de Tommaso, Andrea escolhe a mesma forma de base vazia e começa a desenhar dentro dela.

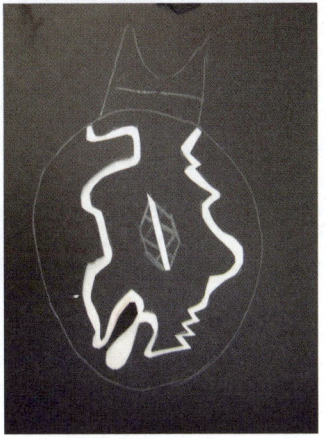

mistura
Seus desenhos são uma mistura de linhas retas e curvas com uma forma geométrica no centro.

ajuda da professora
Ciente da complexidade do recorte, Andrea pede ajuda à professora. **Andrea:** Recorte ao redor de todas essas linhas que eu fiz... depois eu termino.

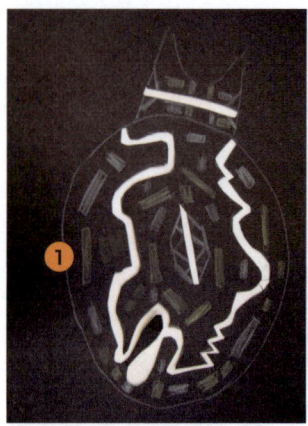  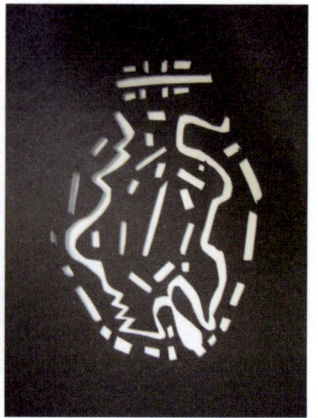

previsão Com o lápis, adiciona algumas formas retangulares simples, distantes umas das outras (1).

recorte Prossegue com o recorte.

verificação Ele vira a cartolina e verifica o resultado sem as marcas de lápis.

A QUINTA FORMA DE PAOLO

Paolo observou atentamente as "curvas" de Tommaso e o recorte sinuoso de Andrea. Então, também decide avançar com novas formas, baseando-se no trabalho de seus amigos.

 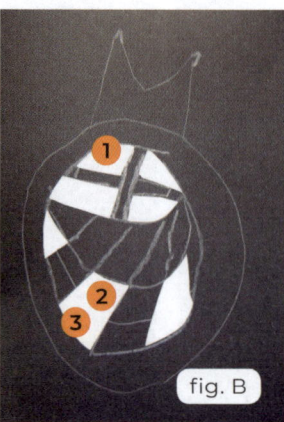  

síntese, mistura e variação Fig. A.
A nova forma criada por Paolo é uma mistura de curvas, linhas retas, cruzes, formas concêntricas e margens, como se seguisse a inspiração de sua forma anterior, mas de forma invertida.

corte duplo Fig. B.
Ele recorta as quatro partes de sua cruz (1) e, depois, com confiança, dois "módulos" de uma vez (2 e 3).

ajustes Adiciona alguns triângulos (1).

recorte Recorta-os (1) e, em seguida, recorta outros "à mão livre", sem desenhá-los primeiro (2)

pequenos ajustes Ele adiciona um triângulo no topo de sua forma com lápis...

...e o recorta.

verificação Vira a cartolina, observa o novo resultado e considera sua forma finalizada.

recuperando as peças "descartadas" Paolo faz uma composição com as peças que sobraram e desenha contornos coloridos ao redor delas. **Paolo:** Depois, podemos prender essas peças à coluna assim e colorir.

Com frequência, vemos crianças adotando essa abordagem em projetos. Elas raramente descartam o que tiveram um grande trabalho para fazer; algo que é parte do processo. O material que consideramos descartável tem um valor significativo para elas. No entanto, elas nunca perdem de vista seu objetivo final.

10 de março

TERCEIRA FORMA

PROJETO EM GRUPO

Pietro decide trabalhar na terceira forma.
Seus amigos se aproximam e se juntam ao trabalho.

...e recorta seguindo
o contorno de uma seção.

espaços e espessuras
Pietro desenha uma linha vermelha...

reflexão Pietro para e observa.
Há uma pausa. Todos estão envolvidos
na busca do que fazer a seguir.

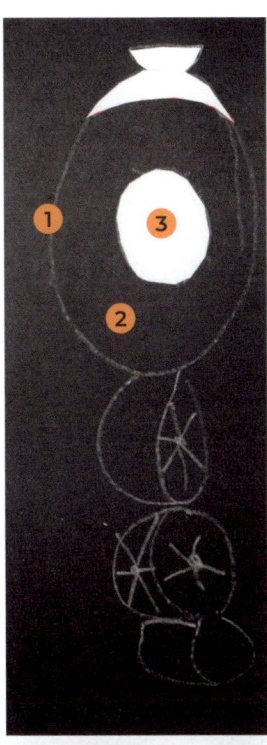

previsões
Alessandro: Se cortarmos aqui [1]... tudo isso vai se soltar [2].

Pietro: ... é verdade... até esse círculo [3].

As previsões estão corretas, mas as crianças não conseguem encontrar um caminho para prosseguir.

momento crítico Em momentos críticos, algumas crianças se distraem, outras ficam desesperadas, e as mais obstinadas buscam uma solução. Algumas sugerem deixar a solução para depois.

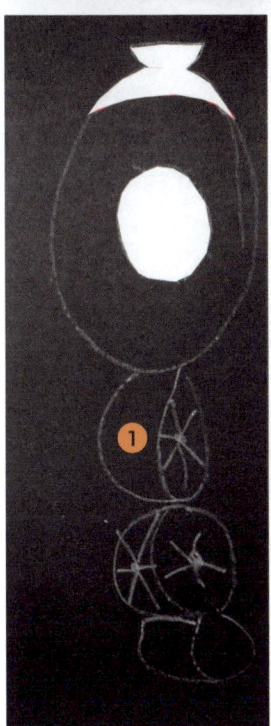

fazer algo diferente
Alessandro: Sabe o que podemos fazer? Vamos cortar aqui [1].

Alessandro decidiu continuar em uma parte de baixo e deixar para depois a busca por uma solução para a primeira parte.

diagonais Alessandro recorta duas linhas diagonais que estão desenhadas.

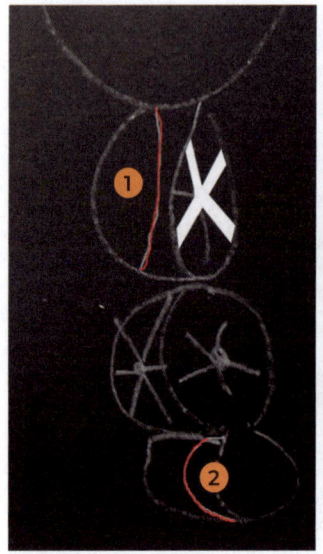
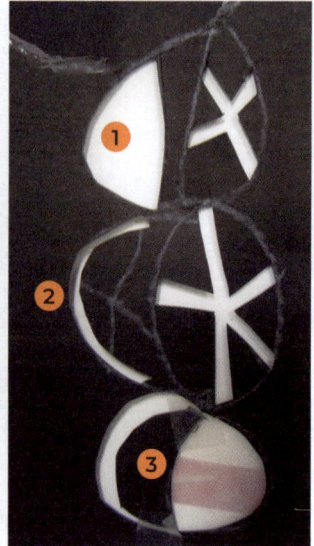

variação
(1) Recorta uma peça.
(2) Recorta uma borda fina.
(3) Recorta um buraco e uma borda, mas a peça se solta.

Traça duas linhas vermelhas (1 e 2) para dividir duas partes.

Alessandro: Vamos usar um pouco de fita adesiva e pronto.

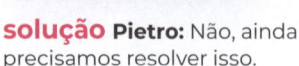

Pietro corta uma borda fina ao redor da circunferência. O problema parece estar resolvido. Talvez a solução final tenha sido sugerida ao observar outros problemas e outras soluções.

problema As crianças estão trabalhando em uma superfície horizontal, mas suas formas serão colocadas verticalmente na coluna. Ao colocarem a forma na vertical, a parte superior se solta.

Alessandro: Deu errado, está se soltando! Não podemos recortar assim na coluna... Vamos ter que fazer outra.

solução Pietro: Não, ainda precisamos resolver isso.

Eles voltam para a parte que ficou para depois.

OUTRA TENTATIVA **Alessandro:** Vamos recortar outra. Essa aqui deu errado.

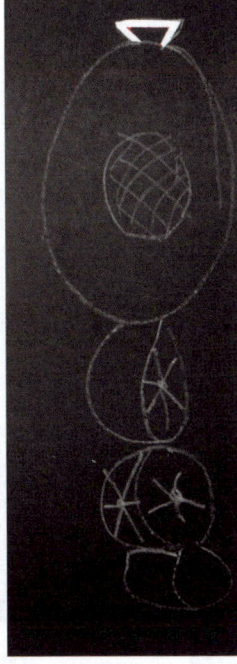

Em outra cópia da mesma forma, Andrea traça uma linha vermelha no topo (1).

margem O primeiro recorte é um contorno-margem.

ajuste Pietro desenha um círculo dentro do círculo maior e uma série de "dentes" convergindo para o centro da forma.

recorte e verificação As crianças seguem recortando e verificando, virando a cartolina.

Andrea: Não recorte muito perto, fique longe.

complexidade As crianças terminam a forma, alternando-se para recortar as peças. O recorte é variado e mais "interpretativo", pois é feito em parte seguindo as linhas desenhadas e em parte "à mão livre". É uma mistura muito eficaz de margens, vazios e cheios.

VERIFICAÇÃO CONTRA A LUZ

Usando os instrumentos disponíveis no ateliê, as crianças verificam seu trabalho posicionando as formas contra a luz enquanto recortam ou quando finalizam uma peça. Iluminar as formas as torna mais interessantes.

12 de março

O ESBOÇO

O trabalho de projetar e recortar as formas está concluído, e são as próprias crianças que sugerem a próxima fase. Paolo pega uma das formas e a posiciona na coluna.

Paolo: Essa forma com os triângulos... fica bom aqui na borracha dura.

Alessandro: Quais formas colocamos na parte de trás da coluna? Se levantarmos, ela vai rasgar.

Pietro: Vamos tirar a borracha.

Andrea entende a ideia de Paolo imediatamente e a complementa sugerindo sua própria ideia.

Andrea: Para lembrarmos dos três tipos de borracha, vamos desenhar três linhas na coluna.

As três linhas mostram as posições dos três tipos de borracha na coluna.

Paolo: Por exemplo, podemos colocar essa peça aqui... desse jeito.

Andrea: Aham... mas ela não vai ficar em pé!

Paolo: A forma com triângulos vai aqui...

Andrea faz um esboço do contorno da forma com triângulos.

frente

Eles adicionam várias formas para criar um protótipo diretamente na coluna com um lápis.

A coluna branca foi dividida em três partes, correspondentes aos três tipos de borracha: brilhante, dura e macia.

As crianças escolheram seis formas para a coluna, embora, na verdade, sejam variações de duas formas (1 e 2).

lado

costas

variações da forma 1

variações da forma 2

Simulação computadorizada da coluna feita pela professora. Ela aplicou as formas recortadas para recriar visualmente o método das crianças.

Paolo: Ficou bom desse jeito, mas estão faltando algumas formas... (uma).

Andrea: Então não adianta, vamos fazer outra.

A ideia das crianças é muito interessante, mas a escolha das formas é muito drástica.

20 de março

SEGUNDO ESBOÇO

As crianças não ficaram totalmente satisfeitas com o primeiro resultado, porque muitas das formas que haviam projetado não foram incluídas. Decidimos prosseguir com um novo modelo e um método diferente.

METODOLOGIA PROJETUAL

O que entendemos por esboço?
Um esboço é uma necessidade (a mesma necessidade que as crianças expressaram) de visualizar de maneira mais definida e clara uma intuição ou ideia transformada em uma simulação concreta, do mesmo tamanho ou em escala reduzida.
Essa fase é de fundamental importância em qualquer projeto. É possível confrontar possíveis questões, propor soluções e criar estruturas para antecipar e prever resultados ou problemas. Esse modo de proceder é uma prática consolidada em nossas escolas: intuir, projetar, verificar, confrontar-se, modificar, concordar, resolver, realizar. Acreditamos que, tanto para crianças quanto para adultos, é um percurso formativo e educativo importante.

PROPOSTA DA PROFESSORA

Para criar um esboço que nos ajude a visualizar o projeto, precisamos trabalhar com dimensões e proporções das imagens.

1. Com a ajuda de um responsável, montamos as peças de borracha na coluna seguindo o desenho das crianças, em três partes iguais.

2. No papel, fizemos cópias dos recortes das crianças em três tamanhos diferentes sobre um fundo branco, da forma como devem aparecer na coluna após serem recortadas na borracha. A impressora do ateliê permite que usemos outros tamanhos que as crianças possam solicitar.

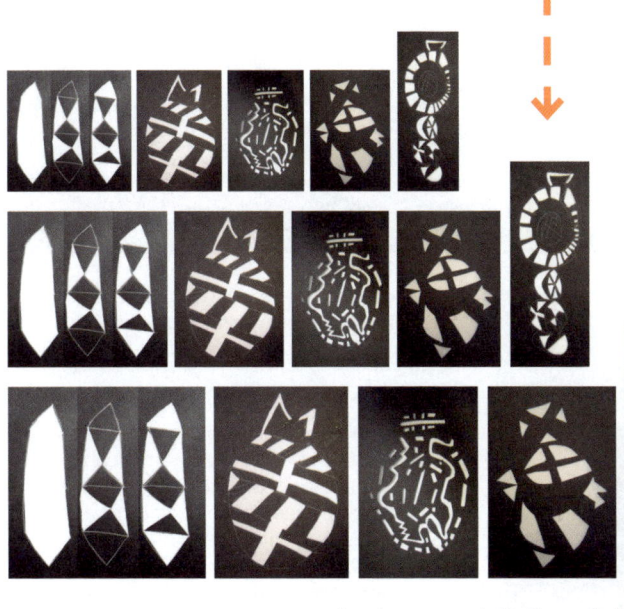

A coluna com três tipos de borracha.

disposição do ateliê

1. Computador disponível para digitalização e alteração de imagens.
2. Coluna de borracha revestida com os três tipos de borracha.
3. Coluna com o primeiro esboço de lápis das posições das formas.
4. Formas desenhadas e recortadas em cartolina preta, com cópias em diferentes tamanhos.
5. Amigos trabalhando simultaneamente em uma coluna de cobre.
6. Protótipos iniciais de projetos para colunas.

Quando as crianças chegam ao ateliê, observam sua coluna de borracha com satisfação.

Andrea: Que lindo, né?

Atônitos, eles observam suas formas reproduzidas e em tamanhos diferentes.

Andrea: Olha quantas! Essas pequenas são as que fizemos.

Eles reconhecem imediatamente que as menores são as formas que projetaram na escala 1:1 e as outras são as mesmas formas ampliadas. Tamanhos diferentes transformam as formas, tornando-as inusitadas, de modo que as vemos com "olhos diferentes", ou como se fosse a primeira vez.

a magia do tamanho

As crianças escolhem uma das formas grandes e a colocam diretamente sobre a coluna.
A professora nem mesmo propôs uma ação, e as crianças já começaram a escolher formas e a posicioná-las.

Eles escolhem uma segunda forma grande e a colocam na coluna, atrás da primeira.

Paolo: Vamos usar as grandes. Sim, podemos usar três grandes. Uma aqui [1] [sobre a borracha macia], aqui [2] [sobre a borracha dura] e uma ali [3] [sobre a borracha brilhante].

Tommaso: Ficou lindo!

Neste ponto, Paolo expressa sua intenção de continuar sem aparentar ter combinado isso previamente. As crianças aceitam as ações umas das outras, quase pressentindo o objetivo final. Em seguida, Paolo diz que quer aplicar as formas, "várias formas sobre vários tipos de borracha". É uma abordagem simétrica e ordenada, com uma distribuição equilibrada de espaço e formas.

dúvida

Andrea: ...a maior não encaixa de jeito nenhum. Ela ocupa todo o espaço.

Paolo: ...sim, mas tem mais cor: preto-branco, branco-preto.
O branco deixa mais brilhante.

Andrea: Não, vamos tirar tudo.

Eles recomeçam. As crianças nem sempre estão preparadas para apagar o trabalho que acabaram de concluir; muitas vezes, preferem adaptar o trabalho para uma nova ideia. No entanto, desta vez Andrea opta por começar de novo. Seus amigos removem todas as formas sem reclamar.

3 (não escolhida)

A ideia permanece incompleta

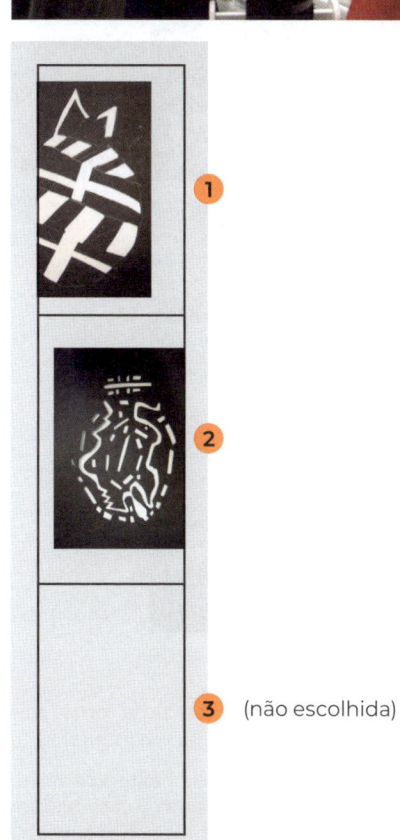

variação de tamanho

Fig. A. Paolo escolhe uma nova forma grande. Andrea escolhe a mesma forma em tamanho médio e expressa a ideia de um novo projeto.

Andrea: Vamos colocar a maior aqui [1], a média aqui [2] e a menor ali [3].

O método mudou. Agora, as crianças estão usando a mesma forma em diferentes tamanhos e reuniram suas ideias anteriores em um novo formato.

variação de ideias

Fig. B. Sorrindo, Paolo observa a coluna e apresenta uma nova ideia.

Paolo: Se usarmos as formas menores, podemos usar mais delas.

O tamanho reduzido traz uma vantagem: a quantidade.

Paolo faz uma cópia de uma forma "pequena" e a fixa na coluna (1). As crianças exploram todas as possibilidades que o material oferece.

Tommaso: Não gostei.

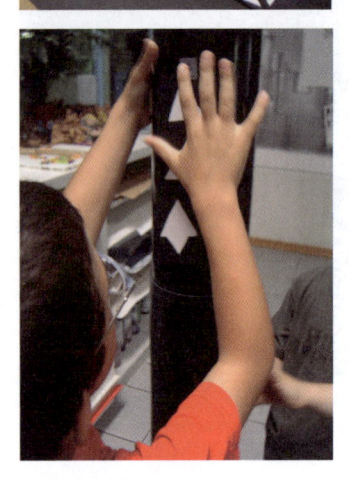

meio-termo

Andrea: ...vamos tentar usar uma forma média. Olha, agora dá para ver a forma inteira.

Fig. C. A forma média não se estende atrás da coluna e pode ser vista em sua totalidade de um lado. Parece ter a proporção correta, mas essa solução também não precisa ser definitiva.

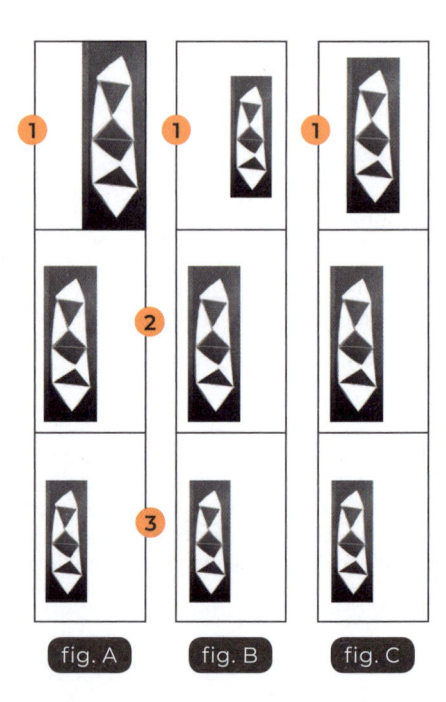

um certo caos

Paolo: Vamos, Tommaso. É a sua vez. Aqui...

Andrea: Não! Se usarmos a maior, ela vai cobrir as médias.

Tommaso: Queria que essa forma fosse um pouco maior, mas ainda menor do que a nossa forma GRANDE.

Paolo: Essa fica muito legal na borracha dura...!

As crianças começam a sobrepor as formas, mudam várias vezes de ideia e alteram a posição de tudo com rapidez. Parece difícil chegar a um consenso. Elas perdem a paciência, ficam agitadas e desanimadas... É hora de parar por um momento e refletir.

uma pausa Fazemos uma pausa. Observamos as ideias das crianças. A professora as anota, uma por uma, em ordem cronológica.

algumas perguntas Por que algumas formas ficam boas ao lado de outras? Por que algumas formas ficam boas na borracha dura, brilhante ou macia, como diz Andrea? Por que algumas formas ficam boas grandes e outras menores? É hora de esclarecer as razões por trás de algumas de nossas escolhas.

O QUE AS CRIANÇAS ESTÃO TESTANDO?

Resumo

1. Formas grandes, pois a coluna ficaria mais brilhante com a presença de muito branco.

2. A mesma forma em diferentes tamanhos sobre vários tipos de borracha.

3. Formas pequenas para poder usar várias delas.

4. Formas médias, porque são completamente visíveis e não ficam escondidas atrás da coluna.

Esse tipo de síntese durante o projeto ajuda os professores a mapear o percurso e a auxiliar as crianças, oferecendo propostas que estejam alinhadas com suas investigações.

respostas das crianças

As crianças tentam esclarecer as coisas por meio de duas ações: nomear e identificar as formas, além de justificar suas posições na coluna.

nomear, identificar

As crianças sentem a necessidade de identificar as formas com nomes. Esse processo as ajudará a posicionar as formas no modelo de borracha.

posições
Por que uma determinada forma fica melhor em um tipo de borracha do que em outro? Quais são os critérios das crianças para escolher uma forma ou um tamanho?

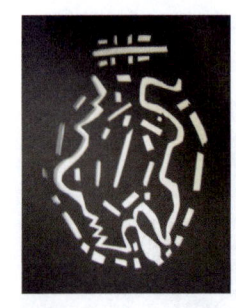

Professora: Que forma é essa?

Paolo: Essa forma é "rio na tempestade", como o Rio Amazonas.

Andrea: É a forma "rio", como o fluxo da água.

Paolo: O Rio Amazonas é brilhante como a água, então vamos colocar a forma da água na borracha brilhante.

Andrea: O Rio Amazonas é duro, porque é forte e rápido, e fica legal na borracha dura, então vamos colocar na borracha dura.

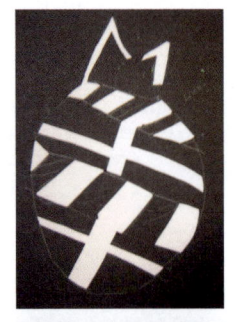

Andrea: Essa é a forma "Japonesa".

Andrea: A forma japonesa tem que ser na borracha macia, porque o Japão é macio.

Professora: Por que é macio?

Andrea: Porque é. É macio.

Andrea: Esta é a janela de luz… e vamos colocar na borracha brilhante, porque ela brilha.

Crianças: Esta é Escuridão e dia.

Andrea: Vamos colocar desse jeito [horizontal].

Paolo: O nome dela vai ser "Batalha entre a luz e a escuridão" ou "Batalha entre o dia e a noite".

Paolo: O nome dessa é "Triângulos do amor".

Andrea: É "Luz de emergência" ou "Pisca-alerta".

Tommaso: Pode ser "Luz de emergência na escuridão".

Paolo: "Triângulo do medo", "Castelo de triângulo" ou "Castelo do vampiro". Vamos colocar na borracha dura, porque a borracha dura se parece com a escuridão.

Tommaso: Desse tamanho grande, porque fica melhor.

MODELO FINAL

As crianças decidem prosseguir com um novo desenho e finalizar a coluna

razões para as escolhas: proximidades

1 e 2: o relógio na torre toca próximo a uma janela de luz.

3 e 4: as luzes de emergência no escuro iluminam o rio na tempestade.

5 e 6: a batalha entre o dia e a escuridão está ao lado da forma japonesa, porque estão em confronto.

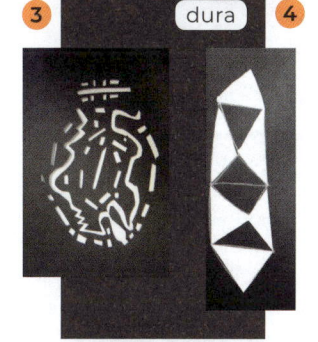

como recortar a borracha?

Paolo: Ótimo! Agora precisamos recortar a coluna.

Tommaso: Para recortar, temos que tirar as formas de papel.

Andrea: Mas se tirarmos, não vamos saber onde cortar.

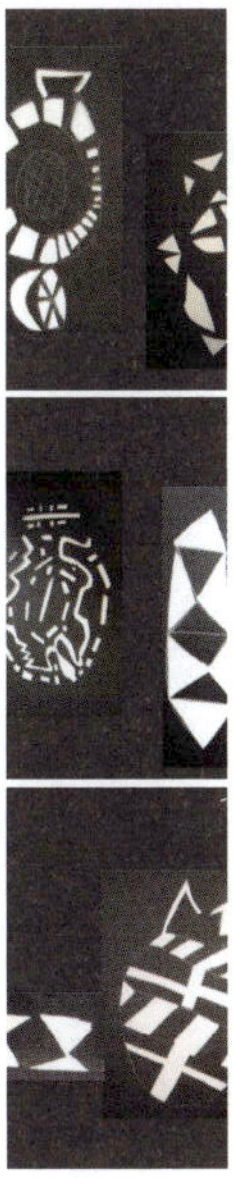

SIMULAÇÃO

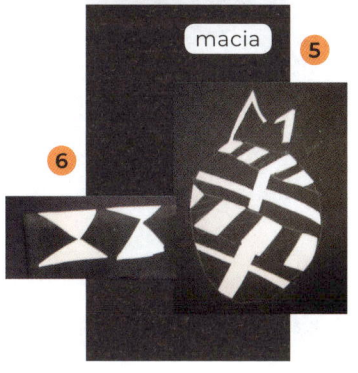

1 brilhante
2
3 dura 4
macia 5
6

abril

TRANSFERINDO AS FORMAS PARA A BORRACHA

Andrea: Agora precisamos recortar a borracha, então temos que tirar da coluna.

Desenrolamos os pedaços de borracha e observamos em duas dimensões o que agora realmente parece ser uma peça de borracha preta.

Andrea: Como vamos recortar? Se tirarmos as formas [de papel], não vamos conseguir ver onde recortar.

Como proceder? A professora aguarda que as crianças formulem algumas hipóteses.

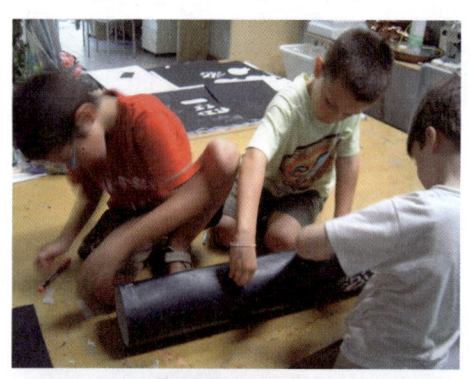

Tommaso

Tommaso pega uma forma recortada na cartolina e a coloca sobre a borracha.

Paolo: Já sei! Vamos pegar as formas que recortamos no papel, colocar sobre a borracha, pintar dentro dos espaços e depois recortar.

Andrea: Sim, assim vamos conseguir ver as formas coloridas na borracha!

testando contra a luz

Enquanto Andrea e Paolo escolhem vários tipos de cores para começar o experimento, Tommaso ainda parece estar pensando em como resolver o problema. Ele levanta um pedaço de papel. A luz passa pelos buracos, e ele "desenha" a mesma forma na borracha preta.

Pega outra forma e tenta novamente.

Tommaso: Olha, a luz está fazendo a forma!

Paolo: INCRÍVEL!

Andrea: Fica bom! Agora vamos fazer nós mesmos.

Para as crianças, isso é uma prova de que o que a luz faz (transferir as formas para a borracha) a cor pode fazer de maneira definitiva.

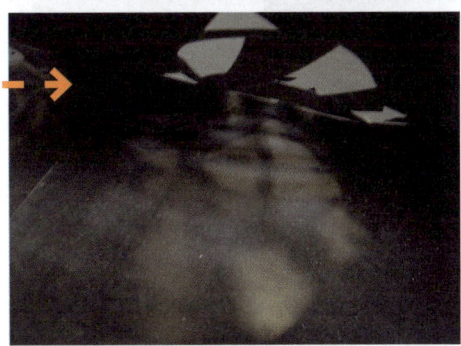

traçando os contornos

Para os contornos, as crianças usam técnicas diferentes, mas sem perder de vista o objetivo: escolher a mais adequada para recortar.

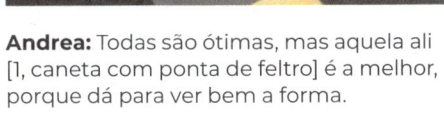

Andrea: Todas são ótimas, mas aquela ali [1, caneta com ponta de feltro] é a melhor, porque dá para ver bem a forma.

(final de abril)

CORTANDO A BORRACHA

dificuldade para cortar

As crianças tentam cortar a borracha, mas enfrentam várias dificuldades.

Crianças: A borracha dura é muito rígida, e a borracha macia é difícil de recortar... Vocês vão precisar nos ajudar.

ajuda dos pais

Pedimos o apoio da mãe de Andrea, que frequentemente participa de nossas atividades. As crianças explicam suas necessidades e dificuldades para ela com grande clareza.

Os cortes estão prontos.

Tommaso: Uau! Ficou muito bom, né?

Andrea: Agora vai dar para ver a coluna por baixo das formas brancas.

As crianças ficam satisfeitas ao perceber que, sob as formas recortadas, está aparecendo o branco da coluna.

(maio)

AJUSTE

ALGO INESPERADO EM "FAVOR" DO PROJETO

Os recortes para a coluna estão prontos. As peças de borracha são colocadas uma sobre a outra: primeiro a borracha macia, depois a borracha dura e, por cima, a borracha brilhante.

Tanto a professora quanto as crianças esperam ver a coluna branca aparecer sob todas as formas recortadas. No entanto, a borracha preta das camadas inferiores aparece em algumas partes.

Andrea: Que legal! Embaixo da borracha macia dá para ver a borracha dura, embaixo da borracha dura dá para ver a borracha brilhante, e por baixo da borracha brilhante dá para ver a coluna. MUITO LEGAL! Borracha macia em cima da borracha dura.

Paolo: Mas precisamos de mais branco, para dar luz. Aqui [1] tem que aparecer mais o branco.

As crianças concordam que o projeto precisa de alguns ajustes, mas encaram o inesperado com bons olhos. Para entender quais formas (ou partes delas) deveriam aparecer e ser recortadas novamente, elas posicionam folhas de papel branco sob as formas. O resultado é uma mistura de branco com nuances de preto, que destaca ainda mais as qualidades das três borrachas.

COMPOSIÇÕES PARA APLICAÇÃO

Com as peças de borracha que sobraram do recorte, as crianças fazem pequenas composições para fixar na coluna, algo que já haviam experimentado durante o trabalho com papel.

variações 1 Elas testam diferentes combinações. A primeira é uma composição com peças de borracha brilhante. A professora tira foto de todas as composições, como forma de registro, para que possam ser mostradas às crianças quando elas escolherem a composição final.

Elas escolhem a composição 3 e a colocam sobre a borracha fosca.

Andrea: Fica legal a borracha brilhante em cima da borracha dura [fosca]. E por baixo da forma japonesa (1), será que a borracha brilhante aparece?

variações 2 Com peças da forma "japonesa", as crianças buscam diferentes maneiras de posicionar uma forma longa, "macia" e fina.

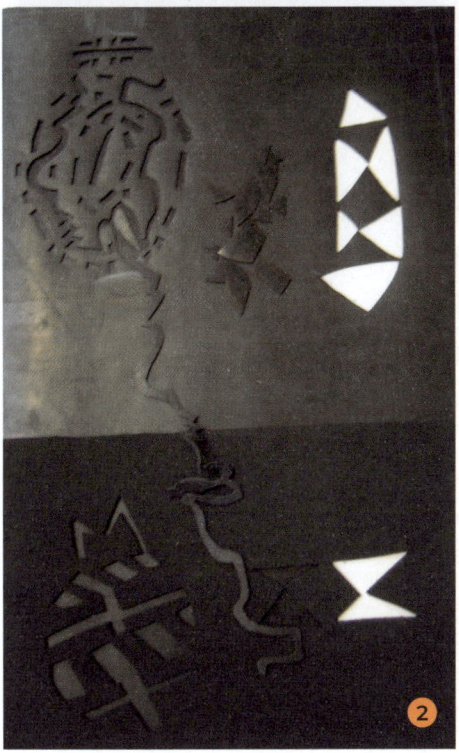

a escolha **Andrea:** A forma macia liga as duas formas com os triângulos.

mais detalhes

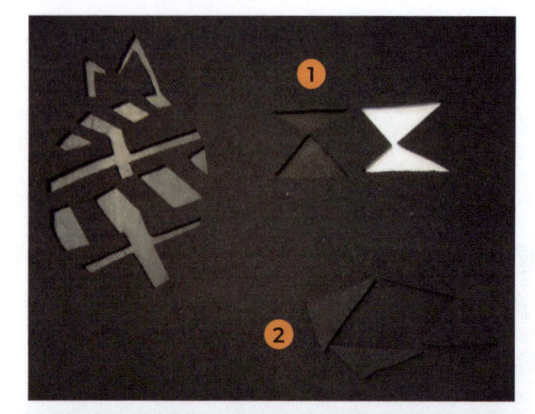

Com peças recortadas da forma 1, eles fazem a composição 2. Borracha macia sobre borracha macia.

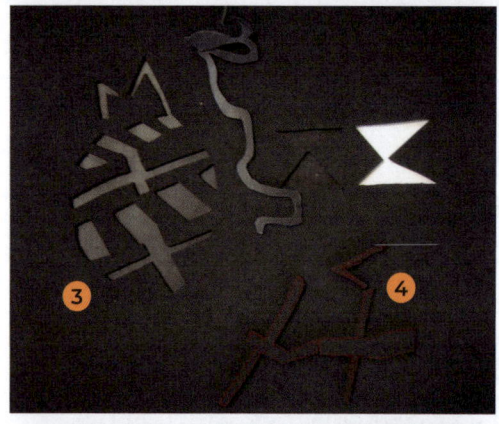

Com peças recortadas da forma 3, eles fazem a composição 4, que é vermelha.

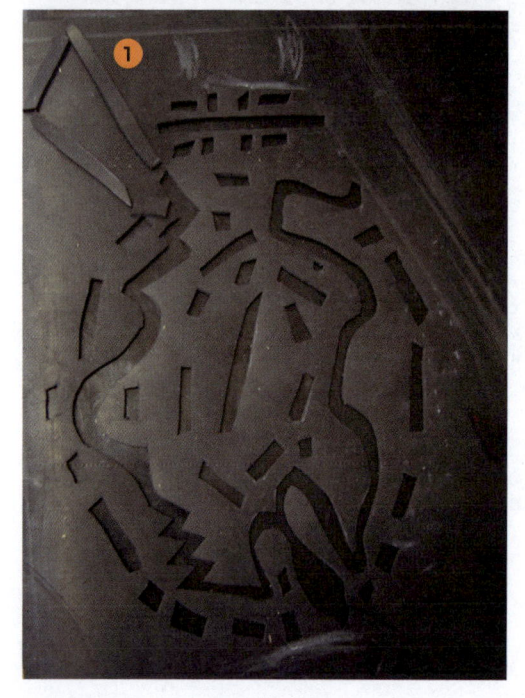

As peças cortadas de uma forma podem ser usadas para alongar a mesma forma (1).

**RESULTADO
FINAL DA ROUPA
DE BORRACHA**

com o grupo As roupas para as colunas estão prontas (a de cobre, a colorida, a de glicínia e a de borracha). Agora, todo o grupo se reúne em torno da mesa do ateliê para discutir, confrontar-se e tomar decisões finais.

MOSTRA DE TODAS AS COLUNAS

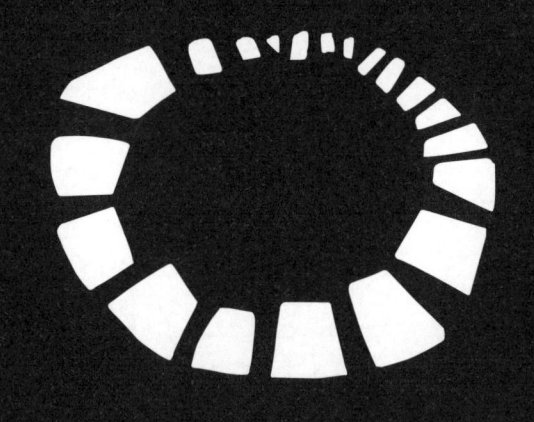